U0533733

🌸 浪花朵朵

跟孩子聊天的
正确打开方式

Daniel J. Crawford

[美]丹尼尔·J. 克劳福德——著

梁世超——译

北京联合出版公司
Beijing United Publishing Co.,Ltd.

送给我的儿子

引 言

本书是一个工具,可以为亲子沟通提供一些引子。

最初,它只是一张问题清单,贴在我那辆破旧不堪、2000年产丰田汽车的中控台上。它包含一系列充满好奇意味的开场白,旨在帮助我的儿子、他的母亲以及我自己完成一些意义匪浅的课后交流。在我开始撰写这一清单时,他五岁。而在那之前,我们之间的课后交谈既杂乱无章,又收益甚微。在我孩子的心灵世界里,一个活生生的宇宙曾在(并将持续不断地)延展、扩张。尽管这一宇宙让我挂心不已,但当每个筋疲力尽的上学日结束的时候,花一点时间来为他的一天做个总结,竟成为一件令人苦不堪言的差事。

这其中一定有什么东西被忽略了。我回忆起

自己生活中那些反复出现的场景,当我不得不当场概括自己的经历时,也会觉得困难重重、难以为继。

因此,我索性提前准备了一个问题清单。

随着时间的推移,我不断往上添加问题,清单也越变越长。我写这些内容的初衷,主要是为解决自己家庭的问题。不过,现在执于你手中的这本书,是我为了你,为了所有深爱自己的孩子却对交流苦恼不已的父母和照料者而写的。

今天在学校过得怎么样?
今天在学校怎么样?
你今天学到什么东西了吗?
今天在学校感觉怎么样?

以前,当我这么提问的时候,实际上是在引导我的儿子将他一天六个小时的时光缩减为一两个字的回答。随后这一差事就算了结了。这样一来,我就和那些只阅读新闻标题却忽略报道内容的人没两样了。

要知道,这并不是我儿子的错,而是我的错。是我一开始提出了错误的问题。

本书希望可以帮助你找到正确的问题。每一页所列出的问题,都是那些在我们交谈的当下,极难浮现于脑海的。一些问题饶有趣味,另一些则引人深思,还有一些会显得傻里傻气。一些问题会为那些通常难以展开的话题,譬如心理健康、性格个性、身份认同等,叩开一道道大门。一些问题会鼓励你去分享那些你总是不知该如何谈论的事情。这些问题丰富而多元,适用于各年龄段不同生活背景下的学童。你可以按照任意顺序提问,也可以根据个人情况对问题作出调整。此外,本书也包含若干"以己为例"部分,鼓励你从自身经历出发,与孩子沟通和分享。

人类渴望交往与联结，却总是在寻觅的过程中陷入泥淖。本书列出的这些问题，就是为弥合理想与现实的沟壑而准备的。

重要的并非这些问题所包含的内容，亦非它们所牵引出的回答。"交流"这一简单的举动才是重若千钧的东西。各年龄段的孩子都渴望能保留一定的隐私和个性，他们的诉求理应得到尊重。本书的初衷，并不是为了帮助你去知悉孩子一天生活的每个细节，而是让你将孩子作为一个独立的个体、一个"人"开始去了解。

总的说来，本书仅仅关乎交流。它的话题丰富而周详，同时家长和照料者无须贡献太多时间和精力就能上手。

在书里，我并不想就如何为人父母进行宣教。我既不提供专业知识，也不给予学习或生活方式的指导。我所给出的，仅仅是一点儿助力，能让你跟孩子敞开心扉，让你们的联结与沟通变得更为顺畅。本书是一个工具，当你驾车停在学校的接送线内或是落座吃晚餐前，不妨随意翻阅一下，当然也可以在任何方便的时间和地点。

在所有的相处中，沟通都是弥足珍贵的，但在日复一日的压力以及令人疲乏的日程安排中，交流似乎变得步履维艰。本书提供了一些解决途径。相信这些问题能让你跟孩子的沟通更为深入全面，让你们的联结更加稳固坚韧。我知道本书自有其价值，因为我已在这里找到了，相信你也能。

愿你享受其中。

丹尼尔·J.克劳福德

01

今天吃午餐时,坐在你旁边的是谁?

02

如果你是一名记者,那么你想报道什么样的新闻话题呢?

03

你刚认识一个人的时候,会有什么反应?你会变得外向还是内向呢?你会觉得充满自信,还是有点警惕?

04

在学校里,你认不认识这样的人,他明明已经很努力了,但事情还是没有做好?

05

哪个同学做事最井井有条呢?

06

你的同学有没有问过连老师都回答不出的问题?

以己为例

- ◆ 如果我可以重新回到学校的话,我想要学……

- ◆ 如果我可以给过去的自己,也就是在你这个年纪的我,提一个建议的话,我会说……

- ◆ 我认识的最有好奇心的人是……

07

你会不会觉得有时候难以集中注意力?

08

你觉得,人们在一天的不同时间会有不一样的表现吗?

09

如果可以的话,你是更想骑马上下学,还是乘坐热气球呢?

10

如果我们两个可以在一周的时间里互换身份的话,我在你的课堂上会怎么做?你又会怎样完成我的工作呢?

11

如果你是一部手机的话,你觉得自己现在还剩多少电?

12

你觉得今年一切都会顺利进行吗?

13

你们学校里总共有多少支铅笔?

14

有没有哪次,你对自己挺好的?
今天你有对自己好一点吗?

以己为例

- ◆ 我挺感谢过去的自己,因为……

- ◆ 如果我给未来的自己准备一份礼物,它会是……

- ◆ 在……这些方面,我原谅了自己。

- ◆ 我觉得自己很幸运,因为……

15

你希望学校能教一些什么样的科目?

16

有哪一首歌曲是你希望自己能够用乐器演奏出来的?

17

你留意到人们眼睛的颜色了吗?还有头发的颜色、皮肤的颜色呢?

18

你最早能记起的事情是什么?

19

如果一位有名的大厨要给你们学校做午餐的话,你觉得同学们最想吃点什么呢?

20

你能做到一声不吭地度过一整天吗?

21

你们学校里有没有人能一整天一句话都不说?

22

今天发生的最好玩的事儿是什么?

23

在学校,什么事情会让你生气?

24

如果生气了,你会气多久?怎么才能让你心情好一点?

25

你过去有没有等到最后一刻才去完成一件事儿?

26

谁激励着你,让你想要变得更好呢?

以己为例

◆ 我小时候最崇拜的人是……

◆ 我现在比较仰慕的一个人是……

◆ 当我还是个孩子的时候,有一个人对我影响非常大,这个人是……

27

你觉得大多数时候，惩罚与奖励有用吗？如果让你选择，你会选什么？

28

有没有这样一个人，你每天都能见到他，却从来没有说过话？

29

有哪些老师是真的热爱自己的工作？

30

如果你生活在一个跟我们完全不同的国家,你还会用现在的方式学习吗?

以己为例

- 我们生活的地方最让我喜欢的一点是……

- 我们度过的假期中,最让我喜欢的一次是……

- 有一个地方我一直想去,那是……

- 有一个国家一直特别吸引我,它是……

31

最近大家都在说的流行语是什么?

32

我说过的流行语里,有哪些是你这个年龄的孩子绝不会说的?

33

即便你不完美也没关系的,你知道吗?

34

有哪件事儿是老师很喜欢,但学生很讨厌的?

35

你觉得校车为什么是黄色的呢?你希望你们的校车是什么颜色呢?

36

大部分时候,你觉得自己是自信的呢,还是自卑的?

37

在学校里,最让你开心的一件事儿是什么呢?

38

这周,你有听到什么让你喜欢的新歌吗?

以己为例

- ◆ 当我像你这么大的时候,我最喜欢的一首歌是……
- ◆ 我最喜欢的乐队是……
- ◆ 我听过的一场最棒的音乐会是……
- ◆ 我想去看现场演出的音乐人/乐队是……

39

外面下雨的时候,你喜欢待在教室里吗?如果是晴天呢?

40

在学校里,发生的哪件事让你心存感激呢?

41

今年你在学校有什么目标想要实现吗?

42

最近你给自己立了什么小目标吗?你是怎么选定你要实现的目标的呢?

43

跟我说说,哪次你成功实现了目标?哪次你又失败了呢?

以己为例

◆ 我希望别人是因为……而记住我。

◆ 我希望别人是因为……而赞赏我。

◆ 我正在努力推进的工作是……

◆ 我比较长远的目标是……

44

你有时候会不会觉得,你需要讨好身边的每一个人?

45

有没有一些同学,他们曾经是你的朋友,但现在不是了?

46

你认识的最难的一个词语是什么?

47

你是喜欢自己一个人做事,还是和另外一个人或者一群人一起做事呢?

48

如果有机会重新设计我们的城市,你会增加点什么?去掉点什么?

49

如果你是班主任,两个学生吵架了,你会怎么处理?

50

在你的内心深处，觉得当下踏实安稳吗？

以己为例

◆ 我感到最轻松的时候,是……

◆ 我真正认识到自己是一个什么样的人的时候,是……

◆ 我觉得自己的一个优点是……

51

有没有什么事儿,是其他同学都很感兴趣的,而你却觉得没意思?

52

有没有什么事儿,是你觉得很感兴趣的,而其他同学却觉得没意思?

53

你觉得校长一整天都要干些什么?

54

你觉得我每天在哪些时候会用到数学呢?

55

有没有什么事儿,是我不懂的,不过你却可以教我一下?

56

如果你要创办一家公益机构的话,你想要帮助哪些人,助力哪些事儿?

57

今天在学校学到的东西里,哪些是你已经知道的?

58

你有害怕的事情吗?

59

学校里有没有人在紧张的时候会咬手指甲,或者有什么其他小习惯?

60

在你创作的美术作品中，哪一件是你最喜欢的？

61

你在什么时候会觉得干劲满满？

以己为例

◆ 今天,我起床的时候在想……

◆ 我在工作上遇到的一个困难是……

◆ 今天让我心怀感激的一件事是……

◆ 到家以后,我想做的第一件事是……

◆ 明天,我优先要做的事是……

62

有没有什么人是你一开始不喜欢的,但后来又慢慢喜欢了?

63

你更喜欢读虚构类作品呢,还是非虚构类作品?

64

如果你可以把你们学校变成一个迷你高尔夫球场,你会设置哪些障碍,又会怎么去设计它呢?

65

如果可以调整字母表的顺序，那你会给字母怎么排序呢？

66

你会不会觉得，你们现在学的东西比我们小时候难多了？

67

学校里有没有人讨论过，怎么才能更好地分配自己的时间和精力呢？

68

有没有人上课的时候,一直在涂涂画画?

69

今天最让你扫兴的一件事是什么?

70

你的老师看上去喜欢他们的工作吗?

71

你觉得哪个俱乐部或社团看起来最有趣?

72

你今天有注意到什么东西,是别人没有留意到的吗?

73

你觉得其他孩子完成学业之后,会从事什么样的工作呢?

以己为例

- ◆ 我做过的最棒的工作是……

- ◆ 我做过的最难的工作是……

- ◆ 我的第一份工作是……

- ◆ 我一直想做的一份工作是……

- ◆ 我遇到的最棒的一个老板是……

- ◆ 我最喜欢的一个同事是……

- ◆ 我在学校里学到的最有用的一件事是……

74

你喜欢在课堂上发言或朗读吗?

75

老师提问的时候,你会主动回答吗?

76

你有时候会不会觉得对什么都很难提起兴致?

77

在学校一天下来,你会喝水吗?

78

除了水之外,你最喜欢在学校里喝什么?

79

今天让你感到惊奇的一件事是什么?

80

你现在认识多少个字了?

81

是什么让一本书读起来很有趣呢?

以己为例

- ◆ 当我还是个孩子的时候,我特别喜欢听的故事是……

- ◆ 我小时候爱读……

- ◆ 最近我读过的最棒的书是……

82

谁的情商比较高呢?

83

你更想了解自己的国家还是世界上的其他国家?

84

你的老师里面,有没有谁在小时候跟你上了同一所学校?

85

你们学校有什么独一无二之处?

86

你的朋友圈里都有谁呢?

87

你最喜欢你朋友们的什么呢?

88
你的朋友身上,有什么让你不喜欢的地方吗?

89
你觉得能提高学生积极性的是奖励还是惩罚呢?

以己为例

◆ 从小到大,我承担的家务活有……

◆ 有一次,我因为……招惹了好多麻烦。

◆ 有一次,我因为……得到了奖励。

90

怎么才能判断一首诗是好诗呢?

91

最近,有没有谁看上去处境比较艰难呢?

92

如果有一份报纸报道你的生活,那么今天的头条新闻是什么呢?

93

你的同学都是怎么庆祝生日的呢?

94

你心中理想的生日礼物是什么?

95

你的同学里有人把午餐带到学校吃吗?谁带的饭菜是你想尝一尝的?

96

为了以后的学生，你可以做哪些事情让学校变得更好呢？

97

你最喜欢闻什么味道？

98

这周最让你骄傲的一件事是什么？

99

你曾经有没有觉得,哪件事你已经尽力了,但还是做得不够好?

以己为例

◆ 今天我面对的最大的挑战是……

◆ 这周我做出的最好的决定是……

◆ 我需要尽快做出的一个重要决定是……

◆ 在我感到有些灰心的时候,……会让我觉得好受些。

100

如果你们学校要组织一场巡游的话，你会制作什么样的花车呢？

101

你们学校谁走路最快？

102

你的老师都有孩子吗？

103

如果你可以邀请一位音乐人去你们学校表演,你会邀请谁呢?

104

你觉得 1000 年前的学生对教育的理解和你的一样吗?

105

哪堂课最有趣呢?

106

当你刚认识一个人的时候,会信任他吗,还是要先熟悉一段时间再说?

107

要获得你的信任难不难呢?

108

孩子们喜欢引用哪些电影里的台词?

109

有没有什么人，一直说个不停，从不听别人说话？

110

你很清楚地知道自己是谁吗

111

你们学校能不能很好地帮助学生去发现他们是谁？

112

你在一天的什么时候感觉状态最好?

以己为例

- ◆ 我最喜欢的月份是……

- ◆ 一年中我最喜欢的一天是……

- ◆ 我最喜欢的季节是……

- ◆ 到现在为止，我所经历的最好的一年是……

- ◆ 我最喜欢的假期是……

- ◆ 我希望我可以再次参加的活动是……

113

你更喜欢上烹饪课还是烘焙课?

114

你最近做过的一件勇敢的事是什么?

115

如果可能的话,你最希望穿越到哪段历史时期呢?

116

你们班里有没有谁,好像一直很开心的样子?

以己为例

◆ 让我开心的一件事是……

◆ 对于幸福,我的理解是……

◆ 我认识一个总是很乐观的人,他是……

117

你的所有衣服里,哪件穿着最舒服呢?

118

今天你遇到什么难对付的事儿没?

119

你最擅长做哪种数学题呢?

120

你有没有过和别人聊完天后,还在脑海中继续跟他们交谈呢?

121

学校里有没有什么人,是你想要进一步了解的?

122

今天有没有什么事儿是你很难有动力去做的?是什么事呢?

123

你能想起某个成功激励过自己的场景吗?当时你做了什么呢?

以己为例

- ◆ 有件事儿已经在我的待办清单里待了很久,那就是……

- ◆ 我最喜欢的一句励志名言是……

- ◆ 我遇到的最能激励我的人是……

- ◆ 如果我可以和心目中的英雄见上一见,我想见……

124

你们学校有多少扇门呢?

125

哪个老师或教职工的工作是最难做的呢?

126

在金钱和金融方面,学校是不是应该教授更多知识呢?

127

你们学校里有双胞胎吗?他们看起来像不像呢?

128

有没有人说过一些话,后来又反悔了呢?

129

你今天什么事做得比较好呢?

130

如果你能在课堂上见到更多学以致用的人,学的这门课是不是会变得更有趣呢?

131

今天有没有什么人或者什么事儿让你伤心了呢?

132

午餐的时候,你吃到什么让你开心的食物了吗?

133

当你犯错之后,你会不会不愿意承认错误?

134

什么情况会让你同情一个人?

135

最近你又学了哪些生词呢?

136

你能多快学会一门外语呢?

137

你们学校做得很棒的一件事是什么?

138

你觉得你在校园里感受到的压力,是一种良性压力还是一种负面压力?

以己为例

◆ 最近我压力倍增,因为……

◆ 我处理压力的一个方法是……

◆ 为了调节压力,我经常……

139

你有过精疲力竭的时候吗？最长的一次持续了多久？

140

如果你们学校有一个星期的时间来打破一项世界纪录，你想打破哪项纪录呢？

141

最近大家都痴迷哪首歌？

142

如果你被困在一座荒岛上，只能带一本课本，你会选哪本？

143

你有没有注意到学校里流传的一些谣言？

144

你给你的每位老师打多少分？

145

有没有什么人和去年相比变化很大?

146

你最喜欢的一身行头是什么?

以己为例

- ◆ 我小时候最喜欢的帽子是……

- ◆ 我最喜欢的鞋是……

- ◆ 我最喜欢的饰品是……

- ◆ 我以前和……一起玩过变装游戏。

- ◆ 我的爷爷、奶奶,还有其他家人会穿……

- ◆ 我的父母/监护人会穿……

- ◆ 我的兄弟姐妹/朋友会穿……

147

有没有哪些小孩总爱调皮捣蛋?

148

你的情绪有时候会不会影响到你的行为?

149

如果学校给你们更多话语权来决定教什么、怎么教,你会提议做出哪些改变?

150

在一个平凡的上学日,所能发生的最好的事是什么?

151

学校里,谁的嗓门最大?

152

你喜欢哪种绘画风格?

153 ....

你有没有被冤枉过?

.... **154**

在学校里,你有信任的人吗?

155 ....

如果你们可以通过投票来改变学校的某一方面,你会投什么?其他孩子会投什么?

156

如果让你提出一个问题,这个问题只有我才知道答案,那你会问什么呢?

157

有没有一些总是沉默寡言的同学?

158

今天发生的最让你兴奋的事是什么?

159

你有时候会不会觉得，很难用尽全力去做一件事儿？

160

如果你们学校有一个房间是有魔力的，那这个房间会在哪儿？它会有什么样的魔力？谁会知道这一秘密呢？

以己为例

◆ 我住过的最大的房子是……

◆ 当我长大后,我住的房子是……

◆ 从小到大,我很好奇,要是我住在……会是什么样子。

161
今天有谁的心情不好吗?

162
你的哪个老师最有耐心呢?

163
如果你要拍一部关于你们学校的纪录片,你会怎么命名?你想突出学校的哪些特点?你会采访哪些人呢?

164

你有没有经历过,刚听到一个人的名字,立马就不记得了?

165

你上课上得最无聊的一次是什么时候?

166

如果你要创办一家公司,会请哪些同学和老师去你那里工作呢?

167

你最喜欢吃什么糖果?

168

你思考过的事情里,哪些是大人从来没有谈论过的?

169

你是更喜欢有其他人陪着,还是更喜欢一个人待着?

170

拥有独处的时间重要吗?

171

让每个人都很尊敬的人有谁?

172

学校应不应该教导你们,如何理性应对争论与冲突呢?

173

你觉得人类在发明冰箱之前,过着什么样的生活?

174

哪间教室的墙上,装饰得最有趣呢?

175

你有最喜欢的树吗?

176

你周围有没有哪个人看起来特别难过呢?

以己为例

◆ 让我特别难过的一件事是……

◆ 我难过的时候会做……

◆ 当我看到别人难过的时候,我会做……

177

今天的孩子是不是比 100 年前的孩子更聪明呢?

178

你在教室里坐在哪个位置呢?

179

做什么事,会让你觉得一天很快就过去了?

180

如果你们的历史课上有一只宠物伙伴的话，你们会给它起什么名字呢？

181

如果可以去国外任何一个地方学习，你想去哪里呢？

182

你们学校里个子最高的人是谁呢？

183

你有没有在别人说话的时候跑过神呢?

184

你今天做成功的一件事是什么?搞砸的一件事呢?

185

你想给自己创造的未来是什么样子的呢?

以己为例

◆ 我正变得……

◆ 当……的时候,我做事最有效率。

◆ 我小时候会想,等我长大以后,我要……

186

你们学校里有没有什么东西,是从来没派上用场的?

187

你注意到没有,有些食物是会影响你的心情的?

188

你知不知道,哪些因素会影响你的精力呢?

以己为例

- 今天早餐，我吃了……

- 我早上通常要吃了/做了……才会觉得元气满满。

- 今天午餐，我吃了……

- 我最喜欢的午间零嘴是……

- 吃完午饭，做……会让我觉得很惬意。

- 我会换不同的地方吃午饭，今天我是在……

- 白天我有时会给自己找点好吃的，比如说……

189

学校里有什么人，会让你想跟他多待一会儿吗？

190

你一直想做却还没来得及做的一件事是什么呢？

191

你更喜欢上哪种课，一种让你思考后自己找出答案，一种让你把答案先背下来、过后再回忆？

192

你学过的哪个字最奇怪?

193

你们班里有没有同学会说另一种语言?

194

大人们应不应该重回学校,再去学一遍他们已经遗忘的东西?

195

这一个月里,是让你开心的日子多,还是不开心的日子多?

196

你有没有跟自己较过劲儿,哪怕只是在暗地里?

197

你觉不觉得其他孩子也跟你一样,会为心理上、身体上或者情感上的某些问题发愁呢?

198
你们学校里有多少本书呢?

199
你们学校里的椅子可以帮助学生保持正确的坐姿吗?

200
世界上最难做的工作是什么?

201

世界上最让人有成就感的工作是什么?

202

大多数学校的体育课上没有但应该有的体育运动是哪一项?

203

你有做梦梦到学校吗?

以己为例

◆ 我还记得做过一个梦,在梦里……

◆ 最近,我的梦变得……

◆ 我觉得,梦会告诉你……

204

你喜欢接受哪些挑战？害怕面对哪些挑战？

205

如果你们学校忽然得到了 60 万，你觉得他们会用这些钱来干什么？

206

如果你在学校忽然获得了隐身的能力，你会做点什么？

207

什么事儿会让你觉得,自己被珍爱着?

208

你有什么需要我帮忙或者支持的事儿吗?

209

最近学生们都在讨论哪些电视节目?

210

一个陌生人跟你认识 5 分钟后,他会怎么描述你的性格?认识 5 个月之后呢?

211

你的朋友会怎么描述你的性格呢?

212

学校里应该教授哪些生活技能呢?

213

你们老师的桌子和书架上都有些什么书呢?

以己为例

◆ 我最近读的一本书是……

◆ 这周我读的一篇文章是……

◆ 我最近看的一部电影是……

◆ 我喜欢看的一个视频是……

◆ 我最近喜欢的一项活动是……

214

你们学校电脑的速度快不快?

215

今天发生的最让人泄气的事是什么?

216

今年的日子是不是比去年更难过呢?

217

如果可以给一个班讲课,你想教哪个科目?

218

学校里,大家在周几做事最投入呢?

219

如果可以回到本周初,你会对自己说点什么?回到本月初呢?本学年初呢?

220

学校里有人做过什么浪漫的事情吗?

221

你最早一次起床是在什么时候?

222

当你觉得心力交瘁的时候,有什么能帮你休息一下?

223

你觉得你们学校是资金充足呢,还是必须得仔细计划开支呢?

以己为例

- ◆ 作为一个成年人，我最长有……的时间没花过一分钱。
- ◆ 关于金钱，我知道的一件事是……
- ◆ 我花过的钱里,最值得的一次是……
- ◆ 我小时候会存钱来……

224

你的同学里,谁的家族最庞大呢?

225

有没有哪个时候让你觉得,要是当时有人支持你就好了?

226

你们学校在回收利用上能再做点什么呢?

227

人类历史上,哪个时刻带来的影响最为深远?

228

如果让你给学校里的走廊命名,你会选择哪些名字?

229

你觉得有些人是不是在某些学科上更有天赋呢?

230

你的老师里,有谁在某些方面犯过错吗?

231

今天有谁过得比较糟糕呢?

232

你觉得在学校里,哪个东西会让人分心呢?

233

最好的学习方式是什么呢？你有没有尝试过其他学习方法？

234

早上到校最早的人是谁？

235

你最近有没有注意到一些奇怪的巧合？

236

哪个老师写的字最丑呢?哪个同学写的字最丑呢?

237

你最喜欢的甜品是什么?

238

如果你在野外迷路了,手头有哪本书最能帮助你呢?最有用的工具是什么呢?

239

哪个国家或者文化,是你想要多多了解的呢?

240

你的老师里,有没有谁老是喜欢用名言、谚语之类的?

241

你的同学里,有没有谁家里有宠物呢?

242

在学校的时候,什么能让你变得欢欣雀跃?

243

你在学校感到难过的时候多吗?

244

你觉得填满你们学校需要多少个沙滩球?

245

你今天有没有跟什么人道过歉呢?

246

你以前有没有觉得,自己不应该为
某事而道歉?

以己为例

◆ 有一次我是应该道歉的,那时……

◆ 我后悔说过一个谎,那是……

◆ 年轻的时候,我因为……惹上了麻烦。

◆ 我收到过的最好的道歉是……

247

你身边有没有人看起来对学业过于担心了?

248

有谁像是睡眠不足的样子吗?

249

你的同龄人里,你跟谁可以无话不谈?大人里有这样的人吗?

250

上课发言之前,你会打腹稿吗?

以己为例

◆ 让我觉得特别难为情的一件事是……

◆ 我听过的最棒的演讲是……

◆ 如果我必须当众发言的话,我会通过……做准备。

251

有没有谁已经清楚地知道,他这一生想要做什么?

252

你所了解的东西里,有什么是大部分成年人都不知道的?

253

你愿意每周上六天课,来换取更长的暑假吗?

254

如果你的老师组建了一支乐队,你觉得这支乐队会叫什么名字?

255

你希望自己有更多朋友吗?

256

有没有谁让你想和他交朋友呢?

以己为例

◆ 我觉得友情是……

◆ 我像你这么大的时候,最好的朋友是……

◆ 有一次,我觉得自己好像也没有很多朋友,那是……

257

你有什么特别坚定的希望或者梦想吗?

258

你有没有经历过绝望?

以己为例

◆ 我觉得……这样是非常勇敢的。

◆ 有一次我几乎就要放弃了,那是……

◆ 如果我觉得不开心的话,我会通过……让自己振作起来。

259

你们学校的其他孩子喜欢玩什么游戏呢?

260

在将来,哪些课没必要再学了呢?

261

如果你可以去世界上任何一个地方郊游,你会选择去哪里呢?

以己为例

- ◆ 我去过的最长的一次公路旅行是……

- ◆ 我小时候喜欢在车里玩的游戏是……

- ◆ 我最喜欢的国家公园/郊游目的地是……

262

你觉得你们学校在什么上面花的钱最多?

263

谁把"请"和"谢谢"说得最好呢?

264

谁最喜欢分享呢?

265

你会不会觉得,别人认为你很奇怪呢?你认为别的孩子有时也会有这种感觉吗?大人会吗?

266

你最近一次得到表扬是什么时候?因为什么呢?

267

今天的哪个时刻,让你觉得生活挺美好的?

268

有没有哪个同学从不想让别人帮助他?

269

有没有哪个人就他这个年龄来说算是个非常负责的人?

270

如果你明早起床的时候,发现又回到了今天,你会做点什么?

271

你希望自己学会哪道菜的做法呢?

272

你觉得跟 100 年前的学校相比,现在学的东西是更难了还是更简单了?

273

如果学生可以选择在课上读什么书的话,他们会对学习更有兴趣吗?

以己为例

◆ 我为了学业读过的最喜欢的书是……

◆ 我最喜欢的老师是……

◆ 我最喜欢的科目是……

◆ 我后悔自己没有多学一点的科目是……

◆ 我曾研究过一个课题,关于……

274

你觉得什么工作最适合你这个年龄段的人?

275

有没有哪门课你怎么都不喜欢呢?

276

你有没有假装不知道一些其实你知道的东西?

277

你有没有假装知道一些其实你不知道的东西?

278

如果把你们学校的椅子换成沙发,你会学得更好还是更差?

279

谁拥有比较奇怪的天赋呢?

280

你们班上,有没有特别争强好胜的人?

281

你更喜欢学古代史还是现代史呢?

282

如果写本书的话,你会需要多长时间?

283

你想过关于生命和死亡的问题吗?

以己为例

◆ 现在让我害怕的一件事是……

◆ 曾经让我害怕的一件事是……

◆ 当……的时候,我就不再害怕了。

284

如果你可以穿越到过去,你会对过去的自己说点什么?

285

如果未来的你穿越到现在,你觉得未来的你会说点什么?

286

学校里最友善的同学是谁?

287

你睡得最晚的一次是什么时候?

288

如果让你设计出完美的校车,你会设计成什么样?

289

你曾感受到周围的竞争压力吗?

290

有没有哪件事你做了之后才发现没有想象的那么难?

291

你们学校里,谁最有团队精神?

292

你的老师里有没有不太会使用新技术的?

293

如果你们学校要在深夜开设一门课,你可以在课上通过巨大的天文望远镜观测恒星与行星,你会想上这门课吗?

294

你欣赏自己的哪些方面?

295

其他人欣赏你的是哪个方面?

296

你认识的人里,有没有谁学数学的时候很苦恼?

297

你们学校餐厅里的桌子是什么样的?

298

如果让你用电视剧或者电影的名字来描述自己的老师,你会怎么描述?

以己为例

◆ 我像你这么大的时候,最喜欢的电影是……

◆ 我在电影院看的第一部电影是……

◆ 我拥有的第一张专辑(CD、磁带、唱片)是……

◆ 我听的第一场音乐会是……

◆ 我像你这么大的时候,最喜欢的书是……

299

如果让你来教历史，怎么才能让它变得生动有趣呢？

300

今天有人吵架了吗？

301

你会不会觉得自己跟周围的人有点脱节呢？

以己为例

◆ 我特别怀念的一件事是……

◆ 有个人我希望能时常见到他,这个人是……

◆ 有个人我跟他失去了联系,想要重新联系上,这个人是……

◆ 当我想要跟周围的人建立联系的时候,我经常……

302

如果要你为全校师生准备一种午后小食，你会准备什么？

303

你认识的学生里，有没有谁做好事不留名的？

304

有没有一些话，你这辈子只大声说过一次？

305

做什么会耗掉你的精力?

306

你相信世上还是好人多吗?

307

有没有这样的时候,你明明知道老师提的问题的答案,却害怕说出来?

308

一门关于幸福的课会教些什么呢?

309

如果班上的学生少一点,上课的效果会变好吗?

310

你有最喜欢哪支笔吗?

311

如果你可以把学校涂成任何一种颜色，你会选择哪一种？

312

谁是最活跃的学生？

313

谁喜欢学习新事物？

314

今天发生的什么事儿最让你喜欢?

315

你相信一个人就可以改变世界吗?

316

你有时候会觉得孤单或者空虚吗?

317

你相信自己吗?

以己为例

◆ 我觉得自己是有价值的,因为……

◆ 我年轻时搞砸的一件事是……

◆ 我从未放弃过的一件事是……

318

如果你可以在美术课上创作任何东西，没有时间和材料限制，你会创作什么？

319

你喜欢你们学校的布局吗？

320

有没有人总能让你笑起来？

321

有没有人总是对其他人很刻薄?

以己为例

◆ 我笑得最厉害的一次是……

◆ 我上一次哭是因为……

◆ 有一次，我的脸都笑疼了……

322

你今天有听到什么有趣的事情吗?

323

你有最喜欢用的饮水机吗?

324

为了让大家拥有更加健康的生活方式,你们学校可以做点什么?

325

你的老师有没有解释过，为什么你们要学他们教的那些科目？

326

你觉得校园外的世界总的来说是公平的还是不公平的呢？

327

你们班上有没有发生过什么你觉得不公平的事情？

328

你觉得你的老师公平吗?

329

即将发生的事情里,有什么会让你感到害怕吗?

330

即将发生的事情里,有什么会让你很期待吗?

以己为例

◆ 学校给我留下的最美好的记忆是……

◆ 学校给我留下的最糟糕的记忆是……

◆ 成年后,我最美好的回忆是……

◆ 我最早的记忆是……

331

你在哪种情况下会把工作完成得更好,是设定截止日期呢,还是不设时限?

332

如果让你上编织课的话,你会织点什么?

333

学校里有让你嫉妒的人吗?

334

如果你可以打电话给世界上的任何人,问问他们当天过得怎么样,你会打给谁?

335

什么会让你难过?

336

你这周在学校获得了哪些情感力量呢?

337

哪位老师最没有条理?

338

你更想玩满校园跑的捉人游戏还是捉迷藏呢?

339

大学生和成人的"课间休息"会是什么样呢?

以己为例

- 当小孩最让我怀念的一点是……

- 在你祖父母那一代人年轻的时候,他们……

- 在我小时候,我们最流行的课间活动是……

- 在我的学校,午餐通常是……

340

你读过的篇幅最长的一本书是……

341

如果你可以去任何一个历史古迹游玩,你会去哪里?

342

有没有什么食物,是你一直不敢尝试的?

343

有没有什么食物,是你总想尝尝看的?

344

你能不能说出一种食物,一开始你觉得自己不会喜欢,但尝了一下就爱上了?

以己为例

◆ 我吃过的最棒的一顿晚餐是……

◆ 我小时候喜欢吃……

◆ 我小时候讨厌吃……

◆ 我们在假期经常会吃一种食物……

◆ 我尝过的最怪的一种食物是……

◆ 我小时候不喜欢但现在很喜欢吃的食物是……

◆ 从小到大，我吃过很多……

345

如果让你来设计校服的话,你会设计成什么样?

346

现在的学生还需要学习怎么种地吗?

347

你觉得自己对别人友好吗?

348

你有没有发现过别人利用了你的善良和慷慨呢?

349

你会在哪一门课上频繁看时间呢?

以己为例

◆ 我小时候喜欢玩……

◆ 我上一次爬树是在……

◆ 我上一次从洒水器的水雾中跑过是在……

◆ 我上一次放风筝是在……

350

如果前提是要在一艘小飞船上生活一年,你还愿意去外太空旅行吗?

351

你们学校里有什么特别的气味吗?

352

如果你可以跟世界上任何一个地方的学生成为笔友,你会选择哪个国家、哪座城市呢?

353

你更喜欢主观一些的学科还是客观一些的学科?

354

质疑一切是对的吗?

355

你的哪个同学很外向呢?

356

有没有谁看起来总是很乐观呢?

357

有没有哪道墙或者门,你每次经过的时候,总会摸一下?

以己为例

◆ 我步行去过的最远的地方是……

◆ 我最喜欢的建筑是……

◆ 我有一个小迷信,是……

358

能让你的老师特别激动的东西是什么?

359

哪个口味的甜甜圈最受欢迎呢?

360

你更愿意在城堡里上学,还是在巨轮上?

361

你最喜欢听什么乐器演奏?

362

有没有什么事儿,是你希望我们能再多聊聊的?

以己为例

◆ 在……的时候,我会觉得很自信。

◆ 在……的时候,我会觉得很自豪。

◆ 在……的时候,我觉得自己被接纳了。

◆ 在……的时候,我觉得自己被珍爱着。

363

今天你被人批评了吗?

364

学校里的哪一次交谈最让你难忘呢?

365

你们学校里有没有特别自卑的人?

366

你们教室里最舒服的座位是哪个?

367

哪个老师的人生经历最有趣?

368

你觉得大部分成人有能力通过你要参加的那些考试吗?

369

如果你要造一个微型模型,可以是世界上任何一处楼房、建筑或景观,你会造什么?

370

有没有什么事,你一直不敢跟我说?

371

无论发生了什么,当你觉得没有希望的时候,都可以随时来找我,你记得吗?

372

你觉得历史上第一所学校是什么样子的?

373

做点什么会让时间过得很快呢?

374

你会不会有时候觉得自己挺好看,有时候又觉得自己挺难看?

375

学校里有没有谁看起来一直病恹恹的?

376

谁的兴趣爱好最独特呢?

377

你最喜欢的交通出行方式是什么?

以己为例

- ◆ 有个兴趣爱好，我之前要是投入更多时间就好了，这个爱好就是……

- ◆ 我最喜欢的桌游是……

- ◆ 我最喜欢的户外游戏和运动是……

- ◆ 我打算培养一个兴趣爱好，就是……

- ◆ 我喜欢做，但却不擅长做的一件事是……

378

要怎样做才能让学校减少浪费呢?

379

你更喜欢看传统小说还是现代小说?

380

哪个老师管理班级的时候最费劲?

381

如果你可以逃课一天,去你想去的任何地方,你会去哪里?

382

心理健康课应该是什么样的?

383

你怎么判断一个人是否遇到了麻烦?

384

你能跟我聊聊你最近不得不做出的一个决定吗?

385

对你来说,更难的是当场就要做出决定,还是等等看再决定?

386

你希望自己毕生的业绩将来是出现在历史课本中,还是出现在艺术博物馆里呢?

387

你收到过的最棒的礼物是什么?

以己为例

◆ 我小时候的卧室是这样的……

◆ 我有一个非常珍惜的宝贝,是……

◆ 小时候,我每天/每周/每月打扫一次房间……

388

如果允许你带一只宠物去学校的话,你会带什么?

389

大家上什么课的时候会特别集中注意力?

390

你读过的最古老的一本书是什么?

391

如果你可以在课堂上做任何科学实验,没有预算限制,也不会遇到危险,你会选择做什么样的实验?

392

你从来都没尝过的比萨馅料是什么?

393

你更想上创意写作课呢,还是新闻写作课?

394

你有没有过关于发明的好点子呢?

395

对你来说,在一群人面前发言,或者讲一天课困难吗?

以己为例

◆ 听我讲话人最多的那次,听众是……

◆ 我最紧张的一次是……

◆ 我让自己平静下来的小窍门是……

396
你今天觉得自信吗?

397
学校里,有没有人总是谈论自己?

398
你认识的人里,有没有谁去过另一个国家?

399
你们的课在 100 年前会是什么样子?

以己为例

◆ 五年前,我可能在……

◆ 一年前的今天,我大概在……

◆ 一个月前,我可能在……

◆ 一个星期前,我大概在……

400

哪些情况会让你害怕社交?

401

你希望自己会说哪种语言?

402

你的老师里,有没有谁总是心情很好的样子?

403 ....

你读过的最奇怪的书是什么?

.... **404**

课堂上谁问的问题最多?

405 ....

你最喜欢哪间教室?

以己为例

- ◆ 对我来说,最宁静的工作地点是……

- ◆ 我上学的时候,最喜欢去的地方是……

- ◆ 小时候,我希望可以把更多时间花在……

406

你希望学校里有哪些俱乐部或社团?

407

如果你可以给学校换一个吉祥物,你会换成什么?

408

如果你们学校有一座动物园,大家都可以去照看里面的动物,你会选择照看哪些动物呢?

409

你觉得自己能够建立清晰的边界感吗?

410

学校里,谁的头发最长?

411

你今天犯过的一个错是什么呢?

412

当你犯错之后,你会怎么做?

413

今天有没有发生什么让你开心的事?

以己为例

- ◆ 让我安心的一件事是……
- ◆ 让我困扰的一件事是……
- ◆ 我打算选择高兴面对……

414

你觉得学校应该多教一些关于食物和用餐的知识吗?

415

你更愿意尝试一些新的、你可能并不擅长的事情呢,还是继续做那些你已经掌握得比较好的事情呢?

416

如果你们学校有权设立一个全国假日,那会是什么假?

417

当下让所有学生都痴迷的东西是什么?

418

你们班有没有挑食的人呢?

419

有没有人每天都吃同一样食物?

420

当你的老师不在学校里的时候,他们会干点什么呢?

421

你害怕被拒绝吗?

以己为例

- ◆ 我工作得最辛苦的一次是……
- ◆ 我特别自豪的一个项目是……
- ◆ 我未来想要上手的一个项目是……

422

在培养你们的社交能力上,你们学校做得好吗?

423

如果有人要给你画一幅画像,你想穿什么样的衣服呢?

以己为例

- 我希望我的一件衬衫没有丢,它是……

- 我小时候很喜欢的一套服装是……,它现在已经过时了。

- 现在孩子们的穿衣风格里,有一种我很喜欢,它是……

424

你一直想喝但没喝过的一种饮料是什么?

425

如果你们学校打算挑选一家餐厅或者一位主厨来给你们做午饭,你们每个人都会给谁投票呢?

426

今天学校里谁说的话最多?

427

你觉得在学校里学什么是重要的?

以己为例

◆ 在我小时候,桌子看起来是……

◆ 我放学回到家后,常常……

◆ 我最喜欢在……做家庭作业。

◆ 留家庭作业最多的一门课是……

◆ 做完作业之后,我经常……

428

你更愿意在火车上还是渡船上上一天课呢?

429

如果学生可以为学校选一条正能量标语,那会是什么?

430

有没有同学看上去不理解某一门学科?

431

你觉得在跟朋友正式认识之前,你和他们有过交集吗?

432

学校应该教心理学吗?

433

如果你要写一本书,它会是关于什么的?

434

有没有这样的时候，别人觉得你做错了，但你并没有？

435

今天你有见到哪个人表现出他的同情心吗？

436

如果让你来写校刊的头条故事，你会写点什么？

437

你有过思绪万千的时候吗？

以己为例

◆ 晚上睡觉的时候,我常会想……

◆ 在……的时候,我能睡得很好。

◆ 早上起来的时候,我……

438

今天有人过生日吗?

439

你绕着学校外围跑一圈需要多久?

440

你觉得在教师休息室里,老师们都在谈论什么?

441

如果你要开一个历史主题派对，你会选择哪个时代、哪个年代或哪个历史时刻呢？

442

今年你在学校里过得最开心的是哪一天？

443

你想听一听我今天发生了什么吗？

以己为例

◆ 你出生的那天,我记得……

444

我爱你,你知道吗?

图书在版编目（CIP）数据

跟孩子聊天的正确打开方式 /(美) 丹尼尔·J. 克劳福德著；梁世超译. -- 北京：北京联合出版公司，2023.9（2024.4重印）
ISBN 978-7-5596-6977-3

Ⅰ.①跟… Ⅱ.①丹…②梁… Ⅲ.①家庭教育—语言艺术 Ⅳ.①G78

中国国家版本馆CIP数据核字(2023)第123890号

STOP ASKING "HOW WAS YOUR DAY?": 444 Better Questions to Help You Connect with Your Child
By Daniel J. Crawford
Copyright © 2021 by Duo Press, LLC
This edition arranged with Workman Publishing Co., Inc., New York on behalf of Duo Press, LLC through Big Apple Agency, Inc., Labuan, Malaysia.
Chinese language copyright ©2023 Ginkgo (Shanghai) Book Co., Ltd.
本书中文简体版权归属于银杏树下（上海）图书有限责任公司

北京市版权局著作权合同登记　图字：01-2023-3478

跟孩子聊天的正确打开方式

著　者：[美]丹尼尔·J.克劳福德
译　者：梁世超
出品人：赵红仕
出版统筹：吴兴元
特约编辑：周　茜
责任编辑：龚　将
营销推广：ONEBOOK
装帧制造：墨白空间·杨　阳

北京联合出版公司出版
（北京市西城区德外大街83号楼9层　100088）
嘉业印刷（天津）有限公司　新华书店经销
字数60千字　889毫米×1194毫米　1/64　3.5印张
2023年9月第1版　2024年4月第2次印刷
ISBN 978-7-5596-6977-3
定价：38.00元

后浪出版咨询(北京)有限责任公司 版权所有，侵权必究
投诉信箱：copyright@hinabook.com　fawu@hinabook.com
未经书面许可，不得以任何方式转载、复制、翻印本书部分或全部内容
本书若有印、装质量问题，请与本公司联系调换，电话 010-64072833